कुछ पंक्तियां

दिल की बात शब्दों के साथ

Mast Tarun Bansal

BookLeaf Publishing
India | USA | UK

Made with ❤ on the BookLeaf Publishing Platform
www.bookleafpub.in
www.bookleafpub.com

Dedication

मेरे सभी प्रिय पाठकों के नाम—
आपने मेरी कविताओं को सिर्फ पढ़ा नहीं,
बल्कि दिल से महसूस किया।
आपके इसी प्यार और भरोसे ने
मुझे लिखते रहने की हिम्मत दी है।

हर उस मुस्कान, हर उस एहसास,
और हर उस पल के लिए धन्यवाद
जो आपने इस पुस्तक के साथ बिताया।

यह पुस्तक आपके लिए है—
आपके समर्थन, आपकी सराहना
और आपकी भावनाओं के सम्मान में।

Preface

मेरा नाम तरुण बंसल है, और लिखने की दुनिया में मैं अपने पेन नेम "मस्त तरुण बंसल" से जाना जाता हूँ। कुछ साल पहले मैंने शब्दों के साथ अपनी यात्रा शुरू की—धीरे-धीरे, बिना किसी योजना के, बस दिल की बातों को कागज़ पर उतारने की चाह में। इस सफ़र की सबसे पहली प्रेरणा मेरे बड़े भाई रहे हैं। उनके कारण ही मैंने पहली बार महसूस किया कि भावनाओं को शब्दों की शक्ल देना भी एक खूबसूरत कला है। मैं हमेशा उनका आभारी रहूँगा।
मेरे लिए लिखना सिर्फ़ लेखन नहीं—यह अपने मन की बातें दुनिया तक पहुँचाने का तरीका है। मेरी कोशिश हमेशा यही रही है कि मेरी भावनाएँ सिर्फ़ मेरी न रहें, बल्कि आपके दिल तक भी उसी सच्चाई के साथ पहुँचें। मैंने कविताएँ लिखीं, शायरियाँ लिखीं और कहानियों में हाथ आज़माया। कहानियों को अभी थोड़ा और समय देना है, पर कविता—ये तो जैसे खुद चलकर मेरे पास आ जाती है।

इस किताब में जो भी कविताएँ आप पढ़ेंगे, वो या तो मेरी अपनी ज़िंदगी के टुकड़े हैं, या फिर आसपास की दुनिया को देखकर जन्मी भावनाएँ। हर पंक्ति, हर शब्द मेरे अनुभवों और मेरे एहसासों का हिस्सा है।
उम्मीद है कि आप इन कविताओं को सिर्फ़ पढ़ेंगे नहीं, महसूस भी करेंगे। अगर कहीं कोई पंक्ति आपके दिल तक पहुँचे, आपके एहसासों को छू जाए, तो मुझसे जुड़ने में बिल्कुल संकोच न करें। आपकी पसंद, आपका सहयोग—यही मेरे लिखने की सबसे बड़ी प्रेरणा है। शुक्रिया।

Acknowledgements

मैं दिल से Book Leaf Publishing Company का धन्यवाद करता हूँ, जिन्होंने मेरी लिखी हुई बातों पर भरोसा किया और इस किताब को छापने में मदद की।

अपने सभी दोस्तों का भी बहुत-बहुत शुक्रिया। आप सबने हमेशा मुझे लिखने के लिए हौसला दिया और मेरी यात्रा में साथ दिया।

आप सबका दिल से धन्यवाद।

1. पुरानी बातें.....

आज ज़रा मैं पुरानी बात करता हूँ
ये ऑनलाइन, फेसबुक, इंस्टाग्राम, बम्बल, टिंडर छोड़कर,
मैं वो ख़त के ज़माने की बात करता हूँ। (२)

जहाँ हम आज पलक झपकते ही एक-दूसरे की बात कह-सुन लेते हैं,
वहीं पहले महीनों लग जाते थे –
हम एक ख़त लिखते थे, उसी में प्यार, जज़्बात और शब्द लिखते थे।
वो ज़माना भी क्या था, जब हम ख़त लिखा करते थे।

वो बॉर्डर पर खड़े जवान के लिए,
वो हर त्योहार की शुभकामनाओं के लिए,
वो हर ख़ुशी और ग़म बाँटने के लिए –
कभी दिन तो कभी महीनों लग जाया करते थे
अपनी बात दूसरों तक पहुँचाने के लिए।
ये बेग़ैर फोन के भी बड़े सुकून से जीते थे,
वो ज़माना भी क्या था, जब हम ख़त लिखा करते थे।

रोज़ सुबह एक डाकिए का इंतज़ार रहता था,
वो घर-घर की घंटी बजाकर एक ख़त थमा जाता था।
कभी उन ख़तों में चेहरे की मुस्कान होती थी, तो कभी

आँखों में आँसू आ जाते थे।
कभी किसी के मिलन की ख़ुशख़बरी,
तो कभी किसी के बॉर्डर से शहीद होने का पैग़ाम आता था।
वो ज़माना भी क्या था, जब हम ख़त लिखा करते थे।

अब ये फोन, इंटरनेट और टेक्नोलॉजी की चकाचौंध
सब रौंद के रख दी।
वो शांत जगह, खुला आसमान, हरे-भरे गाँव,
और वो कबूतर लेकर उड़ती चिट्ठियाँ – सब पीछे छूट गईं। (२)

2. हम लड़के हैं जनाब..

"हम लड़के हैं जनाब..."

जन्म लेते ही...
हमारी मंज़िल तय कर दी जाती है...

सपने देखने से पहले ही...
उनकी क़ीमत पूछी जाती है...

हमसे तो खेलने की उम्र में भी,
कामयाबी की उम्मीद की जाती है...

हमसे तो... मुस्कुराने के भी कारण पूछे जाते हैं,
और न रोने के लिए... हज़ार बहाने दे दिए जाते हैं...

अक्सर प्यार भी... हमसे काम के लिए होता है,
हमें कमाना भी... खुद के लिए नहीं होता है...

रो तो सकते हैं हम,
पर कमज़ोर जो दिख जाएँगे...

जज़्बात बता भी नहीं सकते,
बुरे जो बन जाएँगे...

हम बस –
हर मुसीबत, हर ख़ुशी, हर ग़म में...
मुस्कुराना जानते हैं...

हम आज भी...
ख़ुद में, ख़ुद ही को ढूँढना चाहते हैं... (२)

3. मेरी मां...

"वो... मेरी मां..."

पहला शब्द... जो मैंने बोला –
वो मां

पढ़ना-लिखना... जिसने सिखाया,
पहली गुरु... मेरी मां।

चारों वेदों का ज्ञान... जिसके पास,
वो मेरी मां।

हर तीर्थधाम की शांति...
जिसके कदमों में बसती है –
वो मेरी मां।

दुःख में भी... हँसना सिखाया जिसने,
वो मेरी मां।

हर मुश्किल से लड़ना सिखाया जिसने,
वो भी... मेरी मां।

हर भगवान का रूप...
जिसमें झलकता है –
वो मेरी मां।

गलत काम पर डाँटकर भी,
अपने हाथों से खाना खिलाने वाली,
वो मेरी मां।

ख़ुद रोकर...
हमें हँसाने वाली,
वो मेरी मां।

एक मां का आशीर्वाद ही काफ़ी है हमें –
खुश रखने के लिए,
हर मुसीबत से बचाने के लिए,
और आगे बढ़ने की हिम्मत देने के लिए।

हाँ...
वो... मेरी प्यारी मां।

4. घर की याद नहीं आती...

घर की याद नहीं आती...

चार साल पहले घर से निकला था,
आँखों में सपने... और कंधों पर ज़िम्मेदारियों का बोझ लेकर।
दोस्तों की यादें... और सहेलियों की मुस्कुराहट लेकर।
वो स्कूल की गलियाँ,
वो नुक्कड़ की दुकान,
और वो हर शाम यारों की महफ़िल –
मुझे सबकी याद आती है।

हाँ... मुझे घर की याद आती है।।

पहले जो सुबह माँ की आवाज़ से होती थी,
यहाँ अब वैसी नींद ही कहाँ है।
जहाँ हमारे खाने के नखरे हुआ करते थे,
अब बस पेट भर जाए –
उससे ज़्यादा की इच्छा ही कहाँ है।

रात को आज भी...
जब मैं अकेला बैठता हूँ,

आँखें नम हो जाती हैं।
हाँ... मुझे घर की याद आती है।।

कामयाबी मिलने पर... बस मुस्कुरा दिया जाएगा,
पर किसी भी दौड़ में हारे –
तो पूरे मोहल्ले को बता दिया जाएगा।

घर से हम अकेले ही दूर आते हैं,
लेकिन साथ ही अपनी ख़ुशी,
अपने यार,
वो माँ का प्यार,
वो पापा की फटकार,
और अपने गाँव की हवा –
सब पीछे छूट जाती है।

हाँ...
मुझे घर की याद आती है।।

5. चाय...

चाय बनाने के भी...
सबके अपने-अपने तरीके होते हैं।

मैं अपना तरीका बता देता हूँ –

बहुत थोड़े से पानी में...
वो सुनहरी चाय की पत्तियाँ डालता हूँ,
साथ ही इलायची, अदरक... और तुलसी डालकर उबाल देता हूँ।

फिर उस में दूध उंडेलकर...
धीमी आँच पर छोड़ देता हूँ।

जब महक आने लगती है...
तो उसमें शक्कर डालकर –
दो बार और उबालता हूँ...

और फिर छननी से छानकर...
वो पहली घूँट भरता हूँ।
बस, वहीं से दिन की शुरुआत हो जाती है।

मैं तो चाय ऐसे ही बनाता हूँ। (२)

चाय भी अपना स्वाद अलग ही छोड़ती है...
जगह और इंसान की हरकत देखकर –
वो भी अलग अंदाज़ में बोलती है।

ठंडी पहाड़ियों पर पी जाए... तो तन को सुकून मिलता है।
गर्मी से तंग रेगिस्तान में पी जाए... तो मन को शांति मिलती है।

दोस्तों के साथ पी जाए... तो यादें बन जाती हैं।
घरवालों के साथ पी जाए... तो पुरानी बातें याद आती हैं।

शादी में सबके साथ बैठकर पी जाए... तो वादे बनते हैं।
सांसद में पी जाए... तो विवाद बनते हैं।

घरवाली के साथ बैठकर पी जाए... तो हिसाब होता है।
बाहरवाली के साथ बैठकर पी जाए... तो नसीब होता है

बुज़ुर्गों के साथ बैठे हो... तो हुक्के के साथ पी जाती है।
युवाओं के साथ बैठे हो... तो सुट्टे के साथ पी जाती है।

हमें तो बस चाय से मतलब है...
भले ही किसी के साथ बैठकर पी जाए।

6. ये रिश्ता भी अनोखा है...

ये रिश्ता भी अनोखा है...

छोटी हो या बड़ी,
वो हक़ अपना जमाना जानती है।
बचपन से ही हम दोनों में लड़ाई चालू रहती है,
बात चाहे एक रुपए की हो या हज़ार रुपए के खिलौने की –
मैंने लड़ने का एक भी मौका नहीं छोड़ा है।

ये भाई–बहन का रिश्ता भी अनोखा है। (२)

पूरे घर में उसकी पायल की खनक गूंजती है,
कभी माँ की तबीयत ठीक न हो – तो वो दूसरी माँ बन जाती है।
पापा की लाडली, माँ की प्यारी, और घरवालों की शान है,
बहन की हँसी के पीछे का दुख... अक्सर अनदेखा रह जाता है।

ये भाई–बहन का रिश्ता भी अनोखा है। (२)

शादी के बाद तो घर का आँगन भी सूना-सूना लगता है,
वो लड़ाई-झगड़े, वो छोटी-मोटी नोकझोंक –
अब ये भाई सब याद करता है।

राखी भी अब मिलकर नहीं, डाक से मिलती है,
वो पास न रहकर भी – मेरा ख्याल माँ की तरह रखती है।
उसने कुछ पूछे बिना भी... सब कुछ समझा है।

सच में... ये भाई–बहन का रिश्ता भी अनोखा है। (२)

7. भाई नहीं... वो दोस्त है मेरा

भाई नहीं... वो दोस्त है मेरा

जिसने बचपन में बड़ा भाई नहीं,
दोस्त बनकर मेरा साथ दिया है।
मेरी हर ज़िद पूरी करने के लिए,
अपने सपनों को त्याग दिया है।
मेरी जीत में जीता...
और मेरी हार में मेरे साथ हारा है।
भाई नहीं – वो दोस्त हमारा है।

जिसने मुझे हाथ पकड़कर चलना सिखाया है,
खुद भले ही गिरा हो,
पर मुझे हर चोट लगने से बचाया है।
वो माँ की डाँट और पापा की फटकार खाकर भी,
मुस्कुराते हुए अपने कंधों पर बिठाकर पूरा बाज़ार घुमाया है।
भाई नहीं – वो दोस्त हमारा है।

घर में तो सीधा-सादा शरीफ़ बनकर बैठे,
पर बाहर... हमारे रोले के चर्चे चलते हैं।
छोटे भाई को कुछ बोलकर तो देखो,

बात सुलझाने को असली निकल पड़ता है!
दुनिया में कितना भी रोला हो,
मेरा भाई मेरे साथ खड़ा रहता है।
वो भाई नहीं... वो दोस्त है मेरा। (२)

उसे खोने की सोचूं भी तो रूह काँप जाती है,
दूर रहकर भी उसकी यादें बहुत आती हैं।
रात की उन नींदों को ही पता है... (२)
मुस्किलें कितनी भी हों,
लेकिन उसने हमेशा रखा है –
मुस्कुराता हुआ चेहरा।
भाई नहीं... वो दोस्त हमारा है। (२)

8. एक कल्पना ऐसी भी...

एक कल्पना ऐसी भी...

हल्की-सी बरसात के मौसम में,
दिखे कोई... दूर खड़ी बालकनी में।
चाँद-से रोशन चेहरे पर,
काले रंग का सूट पहने हुए...

वो हल्के से अपनी ज़ुल्फ़ें कानों के पीछे करती हुई,
झुमके जो गालों से टकराते हुए।
वो होंठों की लाली... और प्यारी-सी मुस्कुराहट देती हुई,
और माथे पर सजी वो काली बिंदी... मदहोश कर जाती है।

एक कल्पना ऐसी भी...

मिलें उसी दौर में हम,
हाथों में चाय की प्याली लिए।
चाय में घुली हो... उसकी बातों की मिठास,
चाय की चुस्कियों के साथ – वो यादें भी हमने समा लीं।

काश... ये कल्पना भी हक़ीक़त बन जाए,
किसी दौर में हमें भी...
कोई ऐसी हुस्नपरी मिल जाए। (२)

9. काश हम आज भी बच्चे होते...

काश हम आज भी बच्चे होते...

ना जाने कब मैदानों में भागते-भागते हम ज़िंदगी की दौड़ के
हिस्सेदार बन गए।
वो माँ से हर महीने जेब-खर्च लेते थे,
और अब हम अपने ही खर्चों में बंधकर रह गए।

वो जन्मदिन पर खुशियाँ बाँटते थे
और दोस्तों के साथ अच्छा समय बिताते थे,
और अब हम जन्मदिन पर अपनों से मिलने को भी तरसते हैं।

वो बचपन के दिन भी कितने सुहाने होते...
काश हम आज भी बच्चे होते। (२)

गर्मियों की छुट्टियों में नानी के घर जाना,
और सर्दियों की छुट्टियों में देर तक सोना,
पापा का हाथ पकड़कर पूरा बाज़ार घूमना,
और खिलौना मिलने की खुशी में बाकी सब भूल जाना—
ना जाने क्यों अब वो खिलौने सुकून नहीं देते।

काश हम आज भी बच्चे होते। (२)

ना किसी बात का डर था,
ना किसी बात की खुशी,
और ना ही किसी बात का ग़म होता था।
वो बचपन के दिनों में ही बस ज़िंदगी का असली सुकून होता था। (२)

10. हर ज़रूरत ज़रूरी नहीं है......

हर ज़रूरत ज़रूरी नहीं है

मुस्कुराना ज़रूरत है, लेकिन दिल से खुश होना ज़रूरी है।
आँखों में आँसू आना ज़रूरत है, लेकिन दिल में दुख बसाना गुनाह है।
दोस्तों से रोज़ मिलना एक ज़रूरत है, लेकिन समय निकालकर मिलना ज़रूरी है।
मोहब्बत में महंगे तौफ़े देना एक ज़रूरत है, लेकिन छोटी-छोटी बातों का ख्याल रखना ज़रूरी है।
उनसे हर मुलाक़ात में गुलदस्ता देना ज़रूरत है, लेकिन एक गुलाब का फूल देना भी ज़रूरी है।
समय निकालकर महफ़िलों में जाना एक ज़रूरत है, लेकिन वही समय अपनों के साथ बिताना ज़रूरी है।
हर वक़्त खुद को मज़बूत दिखाना ज़रूरत है, लेकिन हर मुश्किल में खुद को मज़बूत रखना ज़रूरी है।
माँ-बाप की डाँट ज़रूरत है, लेकिन उनका प्यार ज़रूरी है।
दोस्तों की भीड़ होना एक ज़रूरत है, लेकिन एक कीमती दोस्त का होना ज़रूरी है।
उम्रभर साथ निभाने के लिए वादे करना ज़रूरत है, लेकिन उन वादों पर खरा उतरना ज़रूरी है।

अंत में इतना ही कि
ये "ज़रूरत और ज़रूरी" की लड़ाई सिर्फ एक ज़रूरत है,
लेकिन इसकी गहराई को समझना बहुत ज़रूरी है।

11. क्या ढूंढ रहे हो??

क्या ढूंढ रहे हो??

ये एक गुमनाम-सी ज़िंदगी में अपना नाम ढूंढ रहा हूँ।
कहीं भी चलते इन कदमों के लिए एक राह ढूंढ रहा हूँ।
ये खाली-सी पड़ी ज़िंदगी के लिए उम्रभर का साथ ढूंढ रहा हूँ।
ये चेहरे की नकली-सी हँसी के पीछे की असली ख़ुशी ढूंढ रहा हूँ।
ये पैसों के पीछे भागती दुनिया में एक ख़ुद से प्यार करता हुआ इंसान ढूंढ रहा हूँ।
ये बड़ी इमारतों में एक छोटे शहर की ख़ुशियाँ ढूंढ रहा हूँ।
यूँ बिखरते हुए सबको देखकर, उन्हें समेटने के लिए एक डोर ढूंढ रहा हूँ।
ये आँखों में बंद पड़े आँसुओं को बाहर निकालने के लिए एक सही वक़्त ढूंढ रहा हूँ।

सच कहूँ, एक आख़िरी बात...
ये शब्द तो मैंने लिख दिए,
अब इनकी गहराई समझ सके ऐसा एक शख़्स ढूंढ रहा हूँ।

12. पिता है वो...

पिता है वो

हर बेटे के आइडल हैं जो,
और अपनी बेटी के सबसे बड़े हीरो हैं वो।
सौ मुसीबतों के बाद भी चेहरे पर मुस्कुराहट रखते हैं वो
जेब में भले ही दस रुपए हों, लेकिन सौ रुपए का खिलौना दिलाने की
ताकत रखते हैं जो।

हाँ, मेरे प्यारे पापा हैं वो।

गुस्सा करके बोलें, तो उसमें भी सीख दे जाते हैं।
भले ही हमारी गलती पर मारें वो, लेकिन हर मार से ज़्यादा चोट उन्हें
लगती है।
जिनकी आँखों में हमने कभी आँसू नहीं देखे हो
वो भी छिप–छिपकर रोता है इंसान जो।

हाँ, मेरी शान–मेरे पापा हैं वो।

बचपन में जिन्होंने अपने कंधों पर घुमाया,
और जवानी में अपनी आँखों से हमें ये दुनिया दिखाई।

जिन्होंने खुद पुराने कपड़े पहनकर हमें नए सूट दिलाए,
बिना बोले भी सब समझ जाते हैं वो।
मम्मी के इकलौते बैंक और बच्चों के परमानेंट ATM हैं वो।
हाँ, पिता हैं वो।

जो हमेशा अपने बच्चों की कामयाबी पर खुश होते हैं,
और अपनी बेटी की विदाई पर बिना रुके रोते हैं।
कहने को बहुत कुछ है, मगर अभी के लिए बस इतना ही–

पापा, I LOVE YOU।

13. मुझसे निगाहें क्यों नहीं मिलाते हो!!

मुझसे निगाहें क्यों नहीं मिलाते हो!!

तुम्हारी निगाहें गहरा समंदर हैं—डूब न जाऊँ, इस बात का डर लगता है।
तुम्हारी निगाहें जलता लावा हैं—जल न जाऊँ, इस बात का डर लगता है।
तुम्हारी निगाहें तीखी छुरी की धार हैं—कहीं कट न जाऊँ, इस बात का डर लगता है।
तुम्हारी निगाहें चमकता शीशा हैं—कहीं दाग न लग जाए, इस बात का डर लगता है।
तुम्हारी निगाहें खूबसूरती की हूर हैं—कहीं तुमसे चूर न हो जाऊँ, इस बात का डर लगता है।
तुम्हारी निगाहों से निकलते वो इश्क़ के तीर—कहीं हमें और ज़्यादा दीवाना न बना दें, इस बात का डर लगता है।

तुम्हारी निगाहों में जो हमारे लिए इश्क़ दिखता है,
तुम्हारी निगाहों में जो हमारे लिए इंतज़ार दिखता है,
तुम्हारी निगाहों में जो हमारे लिए इज़हार दिखता है—
बस ये सब कहीं हमसे दूर न हो जाए, इस बात का डर लगता है।

14. क्या मांगोगे उनसे??

क्या मांगोगे उनसे??

और क्या ही माँगूँ उनसे, जिन्होंने एक चाँद का टुकड़ा दे दिया।
और क्या ही माँगूँ उनसे, जिन्होंने अपने आँगन की लक्ष्मी हमें दे दी।
और क्या ही माँगूँ उनसे, जिन्होंने अपने वंशज का दान हमें दे दिया।
और क्या ही माँगूँ उनसे, जिन्होंने ज्ञान की देवी सरस्वती हमें दे दी।
और क्या ही माँगूँ उनसे, जिन्होंने जीवनभर का एक साथी दे दिया।
और क्या ही माँगूँ उनसे, जिन्होंने हमारे घर में एक और सदस्य दे
दिया।

अंत में बस इतना ही–
रिश्ता कोई भी हो, दिल से निभाया जाता है।
किसी भी रिश्ते को पैसों या किसी और चीज़ से नहीं,
सिर्फ प्यार से तौला जाता है।

15. वापस सब शहर की और लौट रहे है....

होगया समय बंद गए बसते
बना लिया त्यौहार, अपनों के साथ बीता लिया समय
अब सब ये गांव छोड़ रहे है

वापस सब शहर की और लौट रहे है

खा लिया मां के हाथ का खाना
काट लिया समय अपने दोस्तों के साथ
खेल लिए खेल अपनी गांव की मिटी में
अब वो शहर जाने के सपने वापिस यही आकर ठहर रहे है
वापस सब शहर की और लौट रहे है

बनाए सारे त्यौहार मिलकर दीपावली, भाईदूज और छट
अगले दिन नींद खुली शहर में ओर सब गए बंट (२)
फिर वहीं काम की भाग थोड़
पूरे दिन की दखान ओर आंखों में हर पल अधूरी नींद रखते हुए
अब सब वापस शहर की और लौट रहे है
फिर अगले त्यौहार लौट कर गांव आयेंगे।।

16. शायद...

शायद मैं वो नहीं बन पाया जो उन्हें चाहिए था।
शायद मैं वो नहीं कर पाया जो उन्हें पसंद था।
शायद मैं उतना अच्छा नहीं हो पाया जितना उन्हें चाहिए था।
शायद मैं उनकी खुशी का वो हिस्सा नहीं बन पाया जो उन्हें पसंद था।
शायद मैं उनके वो शब्द नहीं बन पाया जो उन्हें कहना थे।
शायद मैं वो रास्ता नहीं बन पाया जिस पर उन्हें चलना था।
शायद मैं उनका वो विश्वास नहीं बन पाया जिस पर उन्हें भरोसा था।
शायद मैं ही वो खुशबू नहीं बन पाया जो उन्हें सुकून दे सकती।
शायद मैं ही उनका वो साथ नहीं बन पाया जिसे वो निभाना चाहती थीं।
शायद मैं वो तोहफ़ा नहीं ढूंढ़ पाया जो उनके दिल के सबसे क़रीब था।

शायद मैंने ही उनका समय ज़्यादा लेना चाहा, जो उन्हें पसंद नहीं था...
शायद मैं ही वो शख़्स नहीं बन पाया जो उन्हें चाहिए था।

17. हूँ मैं...

तुम गहरा समंदर हो तो नौका हूँ मैं।
तुम चलती हवा हो तो उस हवा का झोंका हूँ मैं।
तुम मेरी मंज़िल हो तो उस मंज़िल का रास्ता हूँ मैं।
तुम वो बारिश का पानी हो तो वो बरसता बादल हूँ मैं।
तुम गहरा कुआँ हो तो उस कुएँ की प्यास हूँ मैं।
तुम उगता सूरज हो तो उस सूरज की पहली किरण हूँ मैं।
तुम अगर गीत हो तो हर गीत का साज हूँ मैं।
तुम अगर शब्द हो तो उन शब्दों का मतलब हूँ मैं।
तुम दिल हो तो उस दिल की धड़कन हूँ मैं।
तुम्हारे हर ग़म का साथी और हर खुशी में शामिल होने वाला मुसाफ़िर हूँ मैं।
तुम पतझड़ हो तो वो पेड़ हूँ मैं।

हाँ, जहाँ तुम – वहाँ हूँ मैं।

18. क्या कमाया है तुमने?

क्या कमाया है तुमने?

पैसों का पता नहीं,
लेकिन नाम कमाया है मैंने।
इस नकली-सी दुनिया में
असली दोस्तों को कमाया है मैंने।
इस भागती-दौड़ती दुनिया में
एक ठहराव कमाया है मैंने।

ग़म भरे चेहरों के पीछे
एक मुस्कान कमाई है मैंने।
परिवार से दूर भागती दुनिया में
परिवार का प्यार कमाया है मैंने।
झूठे वादों के इस ज़माने में
अपने वादे निभाने का सुख कमाया है मैंने।
गलत रास्तों से छत ढूँढ़ने के दौर में
मेहनत से अपने घर की छत कमाई है मैंने।
दोगली-सी दुनिया में
सबका विश्वास कमाया है मैंने।

खुद की मेहनत से आगे बढ़कर
हर मुकाम कमाया है मैंने।
इस भागती-सी दुनिया में
खुद में ठहराव कमाया है मैंने।
बहुत कुछ खोकर भी
कुछ कीमती कमाया है मैंने।

अब कोई पूछे– "क्या कमाया है तुमने?"
तो कहना–

"एक अच्छे इंसान के साथ-साथ, एक अच्छा दिल भी कमाया है मैंने।" (२)

19. कौन है वो

कौन है वो (२)

कौन है वो, जिसके लिए मुस्कुराते रहते हो?
कौन है वो, जिसके लिए रातों को जागते हो?
कौन है वो, जिसके लिए तुम इतने ख़ास हो?
कौन है वो, जिसके लिए तुम जीने की आस हो?
कौन है वो, जिसके लिए तुम रोते भी हो?
कौन है वो, जिसे तुम सपनों में पाकर खोते भी हो?

बताओ तो, कौन है वो?
मैंने भी मुस्कुराते हुए कहा—

मेरी हंसी का छिपा हुआ राज़ है वो।
मेरी खुशी का असल कारण, मेरा सुकून है वो।
मेरे ग़म के बादल छांटकर, खुशियों की बरसात है वो।
मेरी खाली कलम की स्याही है वो।
मेरी नज़र में सुंदरता की सबसे प्यारी मूरत है वो।
मेरे वरमाला के शब्दों का विवरण है वो।
मेरी सुबह का पहला और रात का आखिरी ख़याल है वो।
मेरी पहली और आखिरी मोहब्बत है वो।

मेरी फीकी चाय की मिठास है वो।
मेरे हर खुशी और ग़म के आँसुओं की गवाह है वो।

हाँ... मेरी कलम की तरह, मेरी सबसे खास है वो। (२)

20. कौन है शिव।।

कौन है शिव।।

मैंने भी मुस्कुराते हुए बताया कि
सब कुछ ही शिव है।

जीवन भी शिव है,
मरण भी शिव है।

शून्य भी शिव है,
अमूल्य भी शिव है।

रुद्र भी शिव है,
क्रोध भी शिव है,
मोक्ष भी शिव है।

आरंभ भी शिव है,
अंत भी शिव है।

मुस्कुराहट भी शिव है,
आहट भी शिव है।

सुख भी शिव है,
दुख में भी शिव है।
आसमान में शिव,
ज़मीन पर शिव,
हवा में शिव,
पानी में भी शिव है।

देवों के महादेव भी शिव हैं,
राक्षसों के गुरु भी शिव हैं,
श्मशान में भी शिव हैं।

राम में भी शिव,
हनुमान अवतार भी शिव हैं।

हर घर में शिव है,
हर मंदिर में भी शिव है।

मेरे जीवन का सार भी शिव है,
मेरे जीवन का अंत भी शिव—
सब कुछ ही शिव है। (२)

21. खुशी क्या है??

खुशी क्या है??

जब आपके चेहरे पर मुस्कुराहट दिल से आए, दिखावे की नहीं – वही खुशी है।
जब अपनी कामयाबी पर खुद को गर्व हो – वही खुशी है।
अपनी मेहनत की कमाई से अपनों के लिए तोहफ़े खरीदे जाएँ – वही खुशी है।
दोस्तों के साथ बैठकर अच्छा समय बिताया जाए – वही खुशी है।
ज़िंदगी की हर मुसीबत में कोई हौसला देने वाला साथ हो – वही खुशी है।
जीवनसाथी के साथ कुंडली नहीं, वाइब मैच होने की खुशी – वही खुशी है।
खुद में खुद को ढूँढ लेने की खुशी है।
माँ और पिता के चेहरे पर मुस्कुराहट लाना – वही खुशी है।
भाई और बहन के साथ दोस्तों जैसा रिश्ता रखना – वही खुशी है।

ज़िंदगी में मुसीबतें आएँगी, लेकिन उन्हीं मुसीबतों से डटकर लड़ने में जो संतोष मिले – वही असली खुशी है।

22. काले सूट में दिखी जब वो...

काले सूट में दिखी जब वो

यूँ ही कल मैं बाज़ार से गुज़र रहा था,
नज़र जो उनसे मिली—काले लिबाज़ में एक परी-सी लग रही थी।

आँखों के नीचे लगाया काजल मदहोश कर रहा था,
पलकों पर लगा मस्कारा सीधा दिल चीर रहा था।
होठों के ऊपर बना काला तिल उसकी खूबसूरती बढ़ा रहा था,
माथे पर सजी काली बिंदी उसके संस्कारों को झलका रही थी।

पैरों में पायल की आवाज़ मधुर-सा संगीत लग रही थी,
कानों में चमकते चांदी के झुमके और हाथों में चूड़ियों की खनक—
सब मिलकर जैसे हवा में मिठास घोल रही थीं।

कल बाज़ार से गुज़रती वो काले सूट वाली लड़की
क्या खूब लग रही थी... (२)

23. Pov: Men in Love

मोहब्बत मैं उन्हें हर पल करूँगा,
भले ही इज़हार थोड़ा कम करूँगा।
चाहूँगा मैं उन्हें आखिरी साँस तक,
भले ही वो आखिरी साँस मैं साल 2200 में लूँगा। (२)
....

सूरज की पहली किरण के साथ जो चमक उठे—वो आपके चेहरे का नूर है,
काम पर जाने के बाद भी हर पल बस तुमसे मिलने का ही फितूर है।

यूँ ना करो जान, मोहब्बत हमसे,
दिल का फ़ासला तो करीबी है, भले ही दोनों का घर दूर है। (२)
....

यूँ तो हर नशे से दूर रहना पसंद है मुझे,
पर आपकी नशीली आँखों में डूब जाने का मन करता है।

यूँ तो हर वक़्त कहीं भाग जाने का दिल करता है,
पर जब आपके साथ हूँ, तो वक़्त वहीं थम जाता है।
ये आशिक़ बस रब से यही दुआ करता है। (२)

....

हमें न बिखरने का डर था, न किसी को खोने का ग़म था। (२)

जिस वक़्त से नजरें उनसे मिली हैं,
कहीं खुद को ही न भूल जाएँ हम—
बस यही सोचकर डर लगता है हमें। (२)

....

इंतज़ार से सख़्त नफ़रत है मुझे,
हर चीज़ जल्दी पा लेने की ज़िद करता हूँ। (२)

रुको ज़रा... ये भी बता दो,
उनके लिए कितना इंतज़ार करना होगा—
जिन्हें मैं अपनी पसंदीदा औरत बोलता हूँ।

....

यूँ तो मैं किसी की ज़्यादा सुनता नहीं,
और हमसे कोई ज़्यादा बात करे—ये भी पसंद नहीं।

पर अगर बात वही करें हमसे... (२)
तो रात भर सुन लेंगे, भले ही वक़्त वहीं थम जाए।
हर घड़ी उन्हें निहारते हुए,
सातों जन्म तक सुन लेंगे। (२)

....

यूँ तो मैं झल्ला–पागल-सा बनकर घूमता हूँ,
चप्पल और निकर पहनकर कहीं भी निकल जाता हूँ। (२)

लेकिन जब बात उनसे मिलने की आती है–
तो उनके दिलाए पसंदीदा कपड़े पहनकर,
ज़रा-सा इत्र लगाकर,
चेहरे पर मंद सी मुस्कुराहट लाकर
मैं उनसे मिलने जाया करता हूँ।

भले ही यूँ तो मैं झल्ला–पागल-सा ही रहता हूँ।

....

यूँ तो मुझे एकांत और अकेले शांति में रहना पसंद है,
समुद्र किनारे बैठकर खुद से ही मिलना पसंद है। (२)

पर अगर बात हो वक़्त उनके साथ बिताने की–
तो बस उन्हीं के साथ रहना पसंद होगा।
समुद्र किनारे, उनकी बाहों में बैठकर,
उनकी ज़ुल्फ़ों से खेलते हुए
सिर्फ़ उन्हें सुनना अच्छा लगेगा। (२)

फिर वो एकांत भी हमारा—दो जनों का हो जाएगा।

....

अकेली-सी इस ज़िंदगी में सब बेरंग-सा लगता है,
वो मिठास भरी चाय भी अब फीकी-सी लगती है।

जब से ये खबर मिली कि मुझे तुमसे मोहब्बत हुई है—
काली रातों में भी तुम्हारा चाँद-सा चेहरा दिखता है।
कमबख़्त! खाली पन्नों में भी रंगीन तुम्हारा नाम झलक जाता है।
अब तो हर बेरंग चीज़ में भी रंग नज़र आता है। (२)

....

ये लड़के भी मोहब्बत में न...

वो हर उस चीज़ का नाम याद रखते हैं,
जिसे वो शायद ठीक से बोल भी नहीं पाते।

वो हर उस रंग की परख कर लेते हैं
जिसमें वो कभी फर्क भी नहीं समझते थे।

वो उनके चेहरे की मुस्कुराहट और नखरों को प्यार से उठा कर चलते हैं,
भले ही दुनिया उन्हें ज़ोरू का ग़ुलाम कह दे,
पर अपनी पसंदीदा औरत के लिए
ये गुलामी भी सर ऊँचा करके करते हैं। (२)

24. कुछ पंक्तियां।।।

तुम्हारी यादों में जितना लिखूँ, उतना ही कम है।
तुम्हारे आने की खुशी से कहीं ज़्यादा जाने का ग़म है।
लिखना तो मैं कहानी चाहता हूँ (२)
लेकिन तुम्हारे लिए तो शब्द भी कम हैं।
तुम्हारी मोहब्बत में तो आज भी आँखें नम हैं। (२)

....

यूँ छिप-छिप कर कब तक मोहब्बत करेंगे,
एक दिन तो इज़हार करना ही होगा।
हम तो काफ़ी दफ़ा बोल चुके, और कितना नज़रअंदाज़ करोगे?
मोहब्बत है सोनियो, एक बार इज़हार करके तो देखो—हर दफ़ा हमें ही याद करोगे। (२)

....

मेरी बातों को, मेरे जज़्बातों को,
मेरी मुस्कुराहट को, मेरी आहट को,
मेरी खुशी को, मेरे आँसुओं को,
मेरी यादों को (२)

बस एक संदूक में बंद करके रखना।
मैं चला भी जाऊँ तो भी कोई ग़म नहीं,
बस मुझे अपनी दुआओं में याद रखना।

....

तुम्हारे बग़ैर एक पल भी साल जैसा लगता है,
तुमसे दूर जाने की सोचूँ तो भी दिल कटने लगता है।
रहना हर दम तुम साथ मेरे–
तुम हो तो मौत का आना भी
तोहफ़ा लगता है। (२)

www.ingramcontent.com/pod-product-compliance
Lightning Source LLC
Chambersburg PA
CBHW070649240926
51846CB00003BA/840
* 9 7 8 9 3 7 3 1 4 8 2 6 7 *